APPRENDRE À MANGER ÉQUILIBRÉ

Une alimentation saine pour un corps en bonne santé

Par Véronique Decarpentrie
Sous la direction d'Antonella Delli Gatti

50MINUTES.fr

APPRENDRE À MANGER ÉQUILIBRÉ

UNE ALIMENTATION SAINE POUR UN CORPS EN BONNE SANTÉ !

- **Problématique ?** La nourriture industrialisée, combinée à un mode de vie moderne, nous a détournés de nos besoins nutritionnels de base indispensables pour notre bien-être physique et mental.
- **Objectifs ?** Identifier les pièges de la malnutrition et retrouver les bons réflexes alimentaires pour se sentir bien dans son corps et dans sa tête.
- **FAQ**
  - Je n'ai bien souvent pas le temps de cuisiner. Comment faire pour avoir une alimentation saine ?
  - Est-il bon de préférer les produits « lights » ?
  - Quand je suis stressée ou triste, je me jette sur une nourriture peu diététique. Comment faire pour gérer ces pulsions alimentaires ?
  - Manger sainement coûte-t-il beaucoup plus cher ?
  - Je mange équilibré mais ne maigris pas. Que dois-je faire ?
  - Dois-je supprimer toutes mes mauvaises habitudes alimentaires ?
  - Pour un régime santé, faut-il être végétarien ?
  - J'ai le syndrome des intestins irritables. Dois-je éviter de manger des légumes ou des fruits ?

Manque d'énergie, teint terne, ballonnements, douleurs chroniques, surpoids, etc. sont autant de signes que notre corps va mal. Pourquoi nous tournons-nous vers tel ou tel aliment, parfois au mépris de notre santé ? De quoi notre assiette est-elle réellement composée ? Par quel phénomène avons-nous perdu le sens de nos besoins fondamentaux qui maintiennent l'équilibre de notre corps ? Que mettre en place pour retrouver un bien-être alimentaire ?

Les aliments que nous mangeons guident nos envies, influent sur nos habitudes et peuvent même influer sur nos émotions. Apprenez à reconnaître ce qui gouverne nos choix nutritionnels sans qu'on le sache et comment déjouer les pièges de la malnutrition. Vous apprendrez les bons gestes qui vous mèneront vers de nouveaux plaisirs gustatifs sains. Retrouvez votre vitalité, de la souplesse et de la légèreté. Au menu de cette fiche, le bien-être du corps mais aussi de l'esprit !

LA SOCIÉTÉ DE CONSOMMATION

« Je suis maman de trois enfants et voudrais cuisiner des repas plus équilibrés mais à l'heure du dîner, j'ai le crâne vide, suis fatiguée et ne vois pas autre chose que des pâtes à la sauce tomate à cuisiner. » (Martine, 42 ans)

« Je sais que je mange très mal mais même en sachant cela, je n'arrive pas à changer mes habitudes ! » (Julien, 22 ans)

« Je voudrais me sentir bien dans mon corps mais entre régime hyper protéiné, le "tout cru", les monodiètes, le sans ci ou cela... Je suis perdue et ne sais plus à quel saint me vouer ! » (Carole, 26 ans)

LE POUVOIR DE LA MALNUTRITION

Alors que nous vivons à une époque où l'abondance alimentaire est de mise dans nos pays occidentaux, la question du « Comment manger ? » n'a jamais autant suscité de débats. Le manque de temps, les envies (parfois compulsives), le stress, les innombrables sollicitations ainsi que les addi(c)tifs nous amènent à des choix qu'il est parfois difficile de faire ou de défaire. En parallèle, des maladies directement liées à notre mode de vie alimentaire telles que l'obésité, le diabète ou l'hypertension, envahissent de plus en plus notre santé. Hippocrate, avec son célèbre « Que ton alimentation soit ta première médecine », se retournerait dans sa tombe s'il nous voyait.

« Manger au moins cinq fruits et légumes par jour » nous répète sans cesse le slogan. La télévision, les magazines, internet ou encore la publicité, tous ont des conseils, des avis ou des recommandations sur la conduite à suivre, sans compter tous les nouveaux régimes qui apparaissent et vous promettent monts et merveilles. Les industriels ont aussi pris part à ce jeu, avec leur « pauvre en... », « source de... », etc., qui nous martèlent leurs slogans publicitaires et se targuent de proposer des produits aux multiples bienfaits. Mais peut-on vraiment s'y fier ?

Vous vous sentez sans doute perdu(e) dans cette jungle de messages contradictoires et vous avez raison. Prenons un temps d'arrêt et observons les mécanismes qui nous ont rendus si étrangers à nos besoins alimentaires fondamentaux. En effet, force est de constater qu'en dépit du bon sens, la malbouffe a pris le pouvoir sur nous. Que se passe-t-il donc exactement dans les coulisses de notre environnement et de notre corps ?

OBSERVEZ-VOUS !

Qu'est-ce qui vous attire dans le choix de tel ou tel produit ? Le packaging ? L'étiquette ? La publicité qui vante ses mérites ? Le slogan associé ? La facilité ? Ou tout simplement son goût, ses arômes, sa valeur « santé » ? Prenez un moment pour regarder attentivement votre achat et tenter de le comprendre. Que vous dit-il et par quoi a-t-il été dicté ?

LES COULISSES DE NOTRE ENVIRONNEMENT

À l'heure de la mondialisation, tous les échanges commerciaux se font à l'échelle planétaire. Il est bien loin le temps où notre potager et le petit producteur du coin nous fournissaient nos aliments de base (même si une nouvelle tendance encore minoritaire se dessine dans ce sens). Il est vrai que nous dépendions des saisons et que nos menus pouvaient être très répétitifs : « Oh, chouette, encore des patates ! » pouvait-on s'exclamer ironiquement.

Les rayons kilométriques remplis de divers produits colorés tels que nous les connaissons aujourd'hui étaient encore inconnus avant 1960. La mondialisation, par l'abondance alimentaire qu'elle permet, rend extrêmement confortable notre quotidien. Cependant, il n'en reste pas moins qu'il existe de nombreux méfaits à cette surabondance d'aliments (outre le gaspillage alimentaire) et ce, en particulier pour notre santé et notre flore intestinale.

QUI COMMANDE NOTRE CORPS ?

LE CERVEAU, UN ORGANE DÉPENDANT

Notre organisme est naturellement programmé à privilégier le sucre et les graisses. Le nourrisson a en effet un attrait inné pour ce qui est gras et sucré, ce que le lait maternel lui procure en grande quantité. Ces deux nutriments sont indispensables à notre fonctionnement. Le glucose, qui est une sorte de sucre, est même quasiment l'unique carburant de notre cerveau. Ce dernier en consomme en moyenne 120 gr. par jour (à peu près la moitié des sucres que nous mangeons). De plus, savez-vous que chacune de vos cellules possède une paroi faite de graisse ?

Dès lors, pourquoi ces deux éléments de base sont-ils devenus si maudits de nos jours ? Qui ne connaît pas cette « dépendance au sucre » dont il est réellement difficile de se défaire ? Certaines études le comparent à la cocaïne ou l'héroïne pour décrire son pouvoir sur nous : c'est dire à quel point le sucre peut devenir une véritable addiction ! Et ce gras si avidement recherché, comment est-il devenu coupable de tellement de maladies et responsable de ces rondeurs mal-aimées ?

À l'origine de cet attrait se trouve le plaisir. Ces deux nutriments, reliés à nos besoins fondamentaux, agissent directement sur les circuits de la récompense situés dans notre cerveau et libèrent de la dopamine (messager chimique du plaisir) : c'est l'histoire de ce « petit » carré de chocolat qui viendra nous apporter tant de réconfort. Combiné au stress de nos vies modernes, il y a là le parfait cocktail dont on ne peut que difficilement se passer. Or les saveurs amères, acides ou piquantes peuvent s'avérer très utiles étant donné qu'elles permettent de contrer les envies de sucres.

ÊTES-VOUS DÉPENDANT AU SUCRE ? TESTEZ-VOUS !

Pensez-vous qu'entre le sucre et vous, ce n'est qu'une histoire d'envies et non de pouvoir ? Vous pensez être plus fort(e) que le sucre ? Pour vous en convaincre, faites ce test : essayez de vous passer de toute sucrerie (sodas, barre chocolatée, biscuits, pâtisseries, etc.) pendant une journée.

Faites tout de même attention aux aliments qui ne semblent pas sucrés mais qui ont des sucres cachés tels que les légumes en conserve, le pain ou les céréales du petit-déjeuner, très riches en sucre.

Écoutez attentivement votre ressenti et notez scrupuleusement toutes vos réactions. Le lendemain, lisez les résultats ci-dessous pour situer le pouvoir qu'a le sucre sur vous.

- Aucune dépendance : si l'envie de sucre a traversé votre esprit mais que vous êtes passé à autre chose, vous n'avez aucune accoutumance au sucre.
- Dépendance faible : s'il vous a été difficile de résister mais que vous y êtes tout de même parvenu.
- Dépendance moyenne : vous avez craqué et vous l'admettez. Il est temps de changer quelques habitudes.

- Forte dépendance : vous n'avez pas pu résister et vous vous êtes inventé des excuses pour justifier votre geste. Le sucre a tout pouvoir sur vous. La lutte sera serrée. Commencez par remplacer votre consommation de sucre par un fruit (fraise, pomme, mandarine) une fois sur trois et augmentez progressivement la fréquence en essayant, si possible et à terme, de remplacer par du non-sucré.

LA FLORE INTESTINALE, UN INDISPENSABLE

Nos intestins sont peuplés d'environ 100 milliards de bactéries appartenant à plus de 400 espèces différentes. Chacune de ces espèces possède son propre ADN (carte d'identité de chaque être vivant), ses propres besoins nutritionnels et son rôle spécifique sur notre santé. Les aliments que nous avalons vont nourrir telle ou telle espèce, voire en privilégier certaines au détriment d'autres. Faisons connaissance avec ces êtres vivants qui nous habitent.

La mission première de ces organismes est de digérer ce que nous mangeons. Ils décomposeront nos aliments en nutriments tels que vitamines et minéraux (composants alimentaires directement assimilables par l'organisme et indispensables à son bon fonctionnement physiologique).

Ensuite, ils tiennent une place importante dans notre immunité. Ce sont les « bonnes » bactéries, qui vont faire en sorte que nous résistions bien ou non aux maladies. En effet, leur simple présence empêche les « mauvaises » bactéries de trouver une place sur nos parois intestinales. De plus, elles sont capables de sécréter des substances bactéricides (sorte d'antibiotique naturel). Enfin, elles neutralisent les toxines et s'attaquent même aux virus.

Nous comprenons dès lors qu'elles sont nos véritables alliées pour un corps en bonne santé et qu'un déséquilibre au niveau de la flore intestinale est responsable d'un grand nombre de maladies dont même l'obésité ferait partie. De plus en plus de scientifiques tentent de percer le mystère de cette influence du microbiote (sorte de carte d'identité bactérienne de la flore intestinale) sur notre poids.

Cependant, cette flore reste fragile et de nombreux facteurs la menacent : mis à part l'impact alarmant des médicaments et surtout des antibiotiques (qui agissent comme de véritables bombes nucléaires sur les bactéries), ce que nous mangeons va conditionner directement cet équilibre au niveau de notre santé.

Si elle s'avère déjà grande, l'importance de notre flore intestinale ne s'arrête pas là. Elle joue également un rôle fondamental et moins connu sur notre humeur. Ce serait, selon de récentes recherches, notre « deuxième cerveau », voire le premier selon certains. En effet, notre ventre contient des millions de neurones (cellules nerveuses assurant la transmission d'informations) tout comme dans notre tête. Ces deux parties de notre corps sont en constante « conversation ». Si l'un va mal, l'autre aussi et inversement. En ce sens, connaissez-vous la sérotonine ? Cette molécule responsable de notre bien-être et dont un déficit entraîne de la dépression, du stress et de l'anxiété ? Sachez que les intestins sont responsables à 95 % de sa fabrication.

Allons encore plus loin. Nous avons vu jusqu'ici que ce système digestif peut avoir un impact sur notre santé, sur nos humeurs mais aussi, selon certains scientifiques, sur nos choix et comportements. Afin de le prouver, une équipe de chercheurs a récemment observé deux souches de souris au comportement différent : les unes se montraient timides et anxieuses, tandis que les autres étaient de véritables exploratrices audacieuses. Leur microbiote présentait également des différences. Ils ont ensuite échangé le microbiote d'un groupe avec celui de l'autre. Les résultats de l'étude sont sans appel : les scientifiques ont observé une totale inversion des comportements, les timides sont devenues exploratrices et inversement.

Ainsi, il est prouvé que ces bactéries, comme tout être vivant, ont développé un système de communication bio-chimique et influencent par là même notre cerveau.

Mais alors, qui décide vraiment ce que vous mangez ? Vous-même ? Les spécialistes en marketing et en agroalimen-tation ? Les hôtes de votre intestin ? Quoi qu'il en soit, le pouvoir de vous réapproprier le contenu de votre assiette et votre santé vous appartient. Dans cette fiche, vous appren-drez les gestes simples capables de rééquilibrer notre flore intestinale et par là même, la façon de se réconcilier avec nos besoins fondamentaux.

MIEUX CONNAÎTRE LES ALIMENTS DE NOS SUPERMARCHÉS

D'OÙ VIENNENT-ILS ?

L'itinéraire d'une crevette pêchée en mer du Nord est impressionnant : elle parcourra au total près de 7 000 km entre son lieu de pêche et l'assiette du consommateur allemand. Durant son voyage, elle passera par le Maroc pour être décortiquée, arrivera aux Pays-Bas pour être conditionnée avant d'être enfin livrée en Allemagne.

Outre les impacts écologiques que ce phénomène engendre, on peut se poser la question de l'influence sur la qualité nutritionnelle de l'aliment ballotté à travers le monde. La tomate bien rouge cueillie fraîchement dans son potager n'est en rien comparable à celle venue d'Italie et vendue dans nos supermarchés, plus fade. Et sachant que la teneur en vitamines est souvent proportionnelle à la teneur en goût, il y a de quoi se poser des questions. Quoi de plus normal, dès lors, de privilégier pour le goûter une bonne barre chocolatée à une banane sans saveur ?

ASTUCE

Remplacez une fois sur deux le biscuit ou la barre chocolatée par une poignée de fruits secs ou encore, des noix de cajou à la place de chips. Vous verrez que moins vous consommez de ces produits, moins ils auront de pouvoir sur vous.

QUI SONT-ILS ?

Par ailleurs, les aliments que nous retrouvons dans les rayons de nos supermarchés ont la plupart du temps subi un nombre incalculable de transformations et d'ajout de substances. On ne mesure pas encore exactement l'impact de ces mélanges sur notre santé mais ils suscitent tous les jours de nouveaux débats. Certains de ces additifs sont considérés comme dangereux pour notre santé : les acteurs de la santé recommandent la prudence, voire l'abstention.

Mis à part l'aspect sanitaire, ces additifs sont capables d'influencer notre comportement en jouant sur notre attirance pour un produit, par le truchement de notre sensation de satiété ou l'envie d'en manger toujours plus. Les industriels de l'agroalimentaire ont bien compris l'intérêt de ces substances addictives et dépensent des millions pour en créer de nouvelles. Par exemple, le glutamate, que l'on retrouve dans les cubes de bouillon, les sauces et les plats préparés, est un rehausseur de goût qui a pour but d'exciter vos papilles gustatives et de redemander l'aliment qui en contient. Ces produits ont acquis un réel pouvoir sur nous et nous incitent continuellement à nous tourner vers la « malbouffe ».

DE QUOI SONT-ILS COMPOSÉS ?

Trop de sucre, trop de sel, trop de gras ! C'est le constat inévitable des produits industrialisés. Nous verrons que ce ne sont pas ces aliments qui sont en cause mais leur quantité et surtout leur qualité. Les professionnels de la malbouffe connaissent la parfaite combinaison entre les sucres, le sel, le gras et les protéines pour stimuler votre cerveau et faire que vous en redemandiez. Bref, on n'en a jamais assez.

LES TROIS GRANDS PILIERS D'UNE ALIMENTATION SAINE

MANGER VARIÉ

On sait tous qu'il faut manger varié et équilibré. Pourtant, malgré les campagnes de santé, les slogans à la télévision ou les conseils des acteurs de la santé, force est de constater que dans les faits, les maladies liées à une mauvaise nutrition ne régressent pas.

La question à se poser est de savoir s'il y a réellement de la variété dans nos menus. Pour le mesurer, il faut savoir que l'assiette idéale est composée à moitié par des légumes tandis que sur l'autre moitié, les féculents prennent la plus grande part et les protéines occupent le reste. Voyons ce dont notre corps a réellement besoin et à quel point il est essentiel de mettre de la variété au sein de ces catégories.

Les aliments que nous ingérons se transforment dans les intestins en trois grandes catégories de nutriments : les glucides (ou sucres), les protéines et les lipides (ou graisses).

Les glucides

Véritable carburant, les glucides sont la source d'énergie principale de nos muscles et de notre cerveau. Indispensables, ils peuvent néanmoins être responsables de multiples maux (tels que l'obésité, le diabète, hypertension, etc.) s'ils sont mal consommés.

Pour s'en convaincre, explorons ce qu'il se passe quand boit un verre de soda. En temps normal, lorsque nous ingérons un aliment sucré, le sucre passe dans le système digestif où il est fractionné en nutriments (les glucides) utilisables par l'organisme. Ensuite, il passe dans le sang, ce qui élève la glycémie. Face à ce signal, le corps réagit en libérant une hormone (sorte de messager chimique), l'insuline, qui ouvre les cellules pour y faire rentrer le « sucre » et réduire son taux dans le sang. Soit ce seront les cellules des muscles qui utiliseront ce carburant pour bouger, soit il sera stocké sous forme de graisse.

Or, avec le soda, notre organisme doit tout à coup faire face à une grande quantité de sucre immédiatement disponible (ce sont les « sucres rapides »). Il faut alors libérer une grande quantité d'insuline. Tout se passe comme sur une montagne russe : un pic de glycémie dû à votre soda précède une chute brutale car une énorme quantité d'insuline devra réguler cet apport au plus vite. Votre corps aura vite fait de le stocker sous forme de graisse, car il a trop d'énergie disponible. Face à cette chute brutale apparaît l'envie de consommer à nouveau « un petit sucré » pour pallier ce coup de mou. C'est l'origine même de tout grignotage !

Ce « yoyo » avec des mécanismes chimiques aussi complexes finit par dérégler votre corps et apparaissent alors des maladies comme le diabète (maladie chronique caractérisée par un déficit en insuline ou par une mauvaise utilisation de l'insuline produit par notre organisme).

Par contre, lorsque nous mangeons des sucres qui prennent plus de temps à digérer (appelés « sucres complexes »), on évite la panique (pas de pic d'insuline trop important) et ces sucres restent plus longtemps dans le sang. Les muscles peuvent donc les dépenser à leur rythme.

Ces nutriments, digérés tout en douceur, sont idéaux pour les sportifs d'endurance qui ne subiront ni le pic de glycémie, ni l'hypoglycémie consécutive. Ils trouveront la source de ces sucres dans les céréales complètes (riz brun, farines complètes, avoine, maïs, etc.), les légumineuses (lentilles, pois chiches, haricots secs) et la plupart des fruits et légumes. Cependant, il faut savoir que la cuisson a aussi un impact sur la glycémie. Une carotte crue par exemple a un indice glycémique de 20 et bascule à 50 si elle est cuite. N'oubliez donc pas de mettre du cru dans votre assiette !

Dans un régime alimentaire équilibré, les glucides doivent représenter la moitié de ce que vous mangez. Plus le produit sera frais et non transformé, plus grande sera sa richesse en vitamines et minéraux et plus faible sera son impact sur la glycémie. Parmi les meilleures sources de glucides, vous trouverez les légumes, les céréales et enfin les fruits.

ASTUCES

- Si vous ressentez le besoin d'une petite sucrerie, mangez-la après un repas. Le fait d'être mélangée avec d'autres aliments ralentira sa digestion.
- Évitez les aliments raffinés.
- Diminuez les aliments à base de blé et vous verrez vos envies de sucre diminuer aussi.
- Préférez les pâtes et le riz « al dente » plutôt que bien cuits.

- Préférez un fruit plutôt que le jus (même frais) car la teneur en sucres « rapides » est augmentée alors que les molécules de vitamines sont dégradées. Optez plutôt pour du jus de légumes, moins riche en glucides.
- Privilégiez le sirop d'agave, la stévia ou le sucre de coco (index glycémique bien moins élevé).
- Pensez à utiliser de la cannelle qui régule superbement la glycémie.

L'important est de varier au sein de ces catégories. C'est l'évidence me direz-vous. Et pourtant, en ce qui concerne les céréales, nous manquons cruellement de créativité : le blé est omniprésent. Vous en retrouvez au petit déjeuner avec votre croissant, à midi dans votre sandwich et au soir dans vos pâtes. De plus en plus de personnes avouent se sentir bien mieux depuis qu'elles consomment moins (voire plus du tout) de blé.

En effet, sans entrer dans la polémique sur notre surconsommation de gluten (la protéine du blé), nous savons à quel point tout est une question d'équilibre et de proportion. Diversifier les sources de céréales avec le quinoa, le sarrasin, la châtaigne, le maïs, le tapioca, etc. vise un meilleur équilibre tant niveau de la santé que de l'humeur. Vous les trouverez sous leur forme brute ou en farine, facile à utiliser pour des crêpes, du pain, des gâteaux, des sauces, etc.

Les protéines

Les protéines sont les véritables « briques » de notre corps qui servent à la construction des tous nos tissus. Elles jouent également un rôle majeur dans le transport de molécules telles que l'oxygène, les vitamines et le cholestérol. Les protéines sont donc indispensables à notre croissance et notre survie.

Alors que se passe-t-il lorsqu'on en mange de trop ? Outre les risques cardio-vasculaires dus aux quantités de graisse contenues dans la viande, ce sont les reins qui doivent doubler de régime pour filtrer des substances (telles que de l'azote) produites par la digestion des protéines.

Par ailleurs, la viande conventionnelle peut contenir une quantité inacceptable de toxiques. Privilégiez le marchand bio respectueux de votre corps autant que de la planète.

AU QUOTIDIEN

- Votre steak doit avoir la taille d'une carte à jouer (entre 100 et 130 gr.).
- Préparez quelques sortes de légumes ou légumineuses pour accompagner votre viande et rendre l'assiette plus joyeuse.
- N'oubliez pas les viandes sauvages (sanglier, cerf, etc.) qui se sont nourries naturellement.
- Une semaine protéinée équilibrée est composée d'un menu viande (blanche de préférence car moins cancérogène) 2 fois maximum, du poisson à raison d'une fois (privilégier la sole, la plie, la raie, la sardine, car leur petite taille fait qu'ils sont moins susceptibles d'être contaminés par la pollution), 2 fois des légumineuses et pourquoi pas un jour consacré à une omelette ou à un steak végétarien.

Les lipides

Le rôle des graisses est d'une importance capitale pour notre organisme.

- Elles sont une source d'énergie.
- Elles servent pour le transport des vitamines (A, D, E, K).
- Elles contribuent à la synthèse de nombreuses hormones.
- Elles sont les constituants majeurs des membranes de chacune de nos cellules de notre système nerveux.
- Elles jouent un rôle sur notre immunité.

Il ne faut donc certainement pas les bannir de notre alimentation mais en consommer mieux ! Il existe quatre grandes familles de « graisses » dont trois possèdent leur propre fonction biologique indispensable :

- les saturées que l'on retrouve dans la viande, le fromage, le yaourt, le beurre et certaines huiles comme celle de coco et de palme. Ce sont elles qui ont la plus mauvaise presse car on les associe au « mauvais cholestérol » et à des risques cardio-vasculaires. Cette affirmation est de plus en plus démentie par des chercheurs et médecins : il n'y aurait en effet pas de lien entre la quantité prise de ces graisses et le taux de cholestérol sanguin. *A contrario*, le sucre aurait une influence directe sur votre cholestérol. Toutefois, comme tout est une question d'équilibre, prises en trop grande quantité, ces graisses peuvent effectivement nous rendre obèses et augmenter le risque de développer des maladies inflammatoires telles que l'artériosclérose, l'arthrose, etc. (Siri-Tarino (Patty W.) *et alii*, « Meta-analysis of prospective cohort studies evaluating the association of saturated fat with cardiovascular disease », in *The American Journal of clinical nutrition*, vol. 91, mars 2010) ;
- les mono insaturées (appelées oméga 9) sont les plus

répandues dans la nature. Elles se retrouvent dans l'huile d'olive, l'huile de sésame, les noix, les cacahuètes, etc. Elles ont de nombreux bienfaits sur notre santé : elles diminuent la résistance à l'insuline, améliorent le système immunitaire, etc. ;

- les polyinsaturées sont dites « essentielles » car notre corps en a absolument besoin. Il est en effet incapable de les fabriquer lui-même et seule notre alimentation peut les fournir. Elles sont indispensables pour le bon fonctionnement de notre cerveau, de notre système immunitaire, pour lutter contre les allergies, pour l'élasticité des vaisseaux sanguins et de notre peau. On distingue deux familles : les oméga 6 (huiles de tournesol, soja, maïs, pépin de raisin, colza, etc.) et oméga 3 (poissons, fruits de mer, huile de lin, huile de noix, etc.). À nouveau, la notion d'équilibre est essentielle. Si vous mangez trop d'oméga 6 (surreprésentés dans l'alimentation industrielle), les effets bénéfiques se transformeront en leur contraire : ils prendront toute la place des oméga 3, les empêchant de nous apporter tous leurs bienfaits. Ce déséquilibre pourrait engendrer des processus inflammatoires. Ainsi, le rapport idéal serait deux portions d'oméga 3 pour cinq d'oméga 6 ;

OBSERVEZ-VOUS !

Avez-vous la peau des jambes qui ressemble à celle du crocodile ? Si oui, vous manquez très certainement d'oméga 3. Complétez votre alimentation par une bonne huile de cameline ou de lin (à consommer rapidement pour éviter son rancissement) que vous conservez au frigo.

* les graisses dites « trans » ou partiellement hydrogénées issues de procédés industriels sont les seules que vous devez supprimer autant que possible de votre alimentation. Elles ne sont absolument pas nécessaires à l'organisme et sont surtout très nocives pour la santé. Viennoiseries, pâtisseries, produits de panification industriels, biscuits, barres chocolatées, etc., elles ont envahi nos habitudes. Elles favoriseraient les cancers, les troubles cardio-vasculaires et le diabète. Elles pourraient également faire preuve d'une certaine toxicité sur le fœtus ou le cerveau et favoriseraient bien d'autres maladies. Une étude récente vient de montrer que prises en grande quantité, elles entraînent même des troubles dépressifs (SANCHEZ-VILLEGAS (Almudena) *et alii*, « Dietary Fat Intake and the Risk of Depression: The SUN Project », in *PLoS one*, vol. 6, n° 1, janvier 2011).

AU QUOTIDIEN

En moyenne, nous devrions manger entre 60 et 70 gr. de graisses par jour (à raison de 1 gr. par kilo). Or l'important reste de varier ses sources de lipides et surtout, de ne pas oublier les oméga 3, moins présents dans nos aliments. Pour cela, rien de tel que de garnir notre cuisine et notre frigo de différentes huiles végétales.

Pour la cuisson, privilégiez l'huile de tournesol, d'arachide, de pépins de raisins ou encore la graisse de coco (car elles résistent mieux aux températures élevées), et l'huile de noix, d'olive (extra vierge), de colza, de lin ou d'avocat pour les assaisonnements crus et les salades. Ne lésinez pas sur la qualité et la quantité de ces huiles crues, elles sont excellentes pour la santé, rajeunissent votre peau et d'après certains nutritionnistes, ne font pas grossir !

MANGER BIO

Une étude récente a mis en évidence la quantité effarante de produits chimiques dans la nourriture issue de l'agriculture traditionnelle. À titre d'exemple, 100 % des 15 boîtes de céréales muesli (mélanges de céréales et de fruits secs) non bio étudiées contiennent des résidus chimiques. Si l'on devait y appliquer les normes de sécurité de l'eau par exemple, elles seraient depuis longtemps interdites tant les chiffres explosent de loin les seuils tolérés (CARREY (Pierre), « Le müesli, un bol de pesticides pour votre petit-déj' », in *Libération.fr*).

L'effet de ces poisons, mais aussi leur combinaison, est alarmant. D'après la fondation contre le cancer de Belgique, un homme sur trois et une femme sur quatre seront confrontés au cancer avant d'atteindre leur 75ᵉ anniversaire. Ces chiffres sont en constante augmentation. Dès lors, peut-on parler d'épidémie ? (« Fondation contre le cancer », in *Cancer.be*)

Mis à part ce fléau se pose la question de l'influence de cette chimie sur d'autres maladies et sur nos comportements ainsi que sur nos humeurs. Si nos intestins fonctionnent en quelque sorte comme un deuxième cerveau, quels doivent être les effets désastreux d'une salade aux pesticides et perturbateurs hormonaux sur notre flore et notre organisme ?

Les avantages de l'agriculture biologique

L'agriculture biologique apparaît comme la solution à ce problème car elle vous garantit des produits sans ces toxiques mais pas seulement. La réglementation sur les produits transformés en bio inclut une attention toute particulière à éviter un grand nombre d'aliments réputés néfastes pour la santé. Par exemple, on n'y retrouve pas ces graisses hydrogénées (procédé industriel permettant de solidifier des huiles) qui, prises en grande quantité, entraînent l'obésité et des risques de maladies cardio-vasculaires.

Toutefois l'intérêt de manger bio ne s'arrête pas là. Nous avons vu plus haut que la teneur en goût révélait souvent une teneur en vitamines et minéraux plus élevée :

> « Je me souviens de la pomme à quatre heures que me donnait ma maman soucieuse de notre santé. Il fallait que je me force pour lui faire plaisir et manger ce quartier de pomme insipide et acide. "C'est bon pour ta santé !" me répétait-elle. Il a fallu des années pour que je me réconcilie avec les fruits et les légumes. J'ai découvert chez mon épicier bio le plaisir de manger des pommes juteuses et sucrées ou alors l'explosion de saveurs quand je croque dans un concombre, le parfum d'été de la tomate. Bref, mon biscuit au chocolat me paraît souvent bien fade... » (Marie, 29 ans)

Ainsi, ce n'est pas un hasard si les aliments issus de l'agriculture biologique sont plus riches en goût que leurs homologues de l'industrie agroalimentaire traditionnelle.

Le bio est donc devenu un choix pourrait-on dire vital à l'heure qu'il est.

Pourtant, ce secteur n'est pas non plus épargné par la course au profit : avec son explosion, des industriels peu scrupuleux se sont emparés du marché. Ainsi, tous les labels ne se valent pas. Certains respectent le minimum pour obtenir leur certification (absence de produits chimiques de synthèse) alors que d'autres maintiennent un cap orienté avant tout vers des valeurs de santé humaine et écologique (rémunération juste du travail, refus de produits issus de la déforestation, etc.). Renseignez-vous sur les différents labels et les exigences de leur cahier de charge : sur tous les produits, vous trouvez le logo et l'étiquetage du mode de fabrication faisant référence au type de label.

Consommer bio sans se ruiner, c'est possible !

Le bio est cher me direz-vous. Peut-être pas tant qu'on le pense. Il s'agit avant tout d'une démarche dont on peut résumer les quatre grands réflexes à privilégier.

- **Les circuits courts.** Il existe à l'heure actuelle beaucoup d'initiatives dans le domaine qui privilégient les circuits courts, diminuant ainsi significativement l'impact écologique de votre consommation. Outre ces considérations éthiques, elles vous permettent d'éviter un tas d'intermédiaires onéreux qui ne font qu'augmenter le prix et lèsent le producteur. Au final, vous payez pour votre yaourt et non pas pour le marketing, les distributeurs, etc.

- **Le vrac.** Depuis peu, on voit fleurir en Europe de plus en plus de magasins bio proposant une large gamme d'aliments vendus sans emballages. En plus d'être bon pour notre planète, cette nouvelle manière de consommer est un véritable avantage pour votre portefeuille. Faites le test vous-même en vérifiant le prix de vos épices, de vos farines, de vos fruits secs, etc. au kilo et comparez avec les mêmes produits vendus sans emballages. De plus, vous pouvez mieux gérer les quantités dont vous avez besoin et éviter de remplir vos armoires à ras bord : aussi direz-vous adieu au gaspillage alimentaire.

- **Le « fait-maison ».** Un plat déjà préparé, un sandwich tout fait, des biscuits, etc. tout cela a un prix extrêmement élevé. Par exemple, des carottes râpées conditionnées sont quatre à cinq fois plus chères au kilo. Manger bio, c'est avant tout limiter les produits manufacturés. De plus, les saveurs seront au rendez-vous !

- **L'invention de nouveaux menus.** L'une des premières habitudes à réinventer, c'est la place des protéines dans l'assiette. Quoi de plus facile que de cuire un morceau de viande ? Pourtant, outre son coût élevé, trop de viande (et donc trop de graisses saturées) nuit à la santé selon les experts (augmentation du risque de maladie cardio-vasculaire, d'obésité, etc.). Ainsi, de plus en plus d'alternatives végétales voient le jour. Sans devoir se mettre du jour au lendemain aux insectes, les légumineuses (telles que les haricots, les pois et pois chiches, les lentilles, etc.) sont une source de protéines saines et économiques. Pas très alléchant ? Essayez cette recette !

DÉLICE DE LENTILLES CORAIL, SAUCE AU YAOURT, CURRY, MIEL ET CITRON

INGRÉDIENTS

- 200 gr. de lentilles corail (achetées en vrac)
- 1 oignon rouge
- 1 cuillère à café de curry
- 1 cuillère à soupe de coriandre fraîche
- 1 demi-citron
- 100 gr. de yaourt nature
- 2 cuillères à soupe d'huile d'olive
- 1 cuillère à café de miel
- 1 cuillère à café de graines de sésame
- 1 pincée de sel et de poivre

Commencez par rincer les lentilles avant de les faire cuire dans une casserole d'eau bouillante pendant 15 minutes. Faites revenir l'oignon émincé dans une poêle avec un peu d'huile. Dans un grand bol, mélangez le yaourt, le miel, le curry, le jus de citron, l'huile d'olive, le sel et le poivre. Dans une grande assiette, placez les lentilles au centre et versez la sauce tout autour. Saupoudrez enfin de coriandre fraîche et de graines de sésame. Bon appétit !

Tout cela a l'air très bien me direz-vous, mais par où commencer ? Rassurez-vous, passer à une alimentation bio ne se fait pas du jour au lendemain. Commencez par quelques produits d'usage fréquent puis laissez-vous progressivement tenter par vos envies. N'hésitez pas à nourrir votre curiosité et visitez les magasins qui offrent des produits qui ne se retrouvent pas dans les grandes surfaces conventionnelles. Vous serez surpris de l'originalité de l'offre et découvrirez de nouveaux horizons gustatifs.

Les aliments à consommer de préférence bios :

- Les fruits et légumes que l'on mange avec la peau car la plupart des pesticides se trouvent dans la peau.
  - **Les salades.** Selon un rapport récent publié par l'ONG Générations futures, 80 % de nos salades présentent des résidus de pesticides dont 16 % d'entre eux sont interdits en France du fait de leur potentiel hautement toxique.
  - **Les fraises.** Bien que belles à croquer, il est fréquent qu'elles reçoivent un traitement à base de captane, un fongicide qui tue un poisson en infime quantité.
  - **Les pommes.** Leur culture conventionnelle implique de nombreux traitements chimiques. Si ces substances se retrouvent sur sa peau, sa finesse fait que ces toxines parviennent à pénétrer sa chair.

- La viande. Les énormes quantités d'eau (environ 15 000 litres) et de nourriture nécessaires (en moyenne 7 kilos) pour obtenir un kilo de viande ainsi que les conditions déplorables et malsaines de l'élevage de masse, entraînent de nombreuses conséquences désastreuses aussi bien pour la terre que pour nous. Parmi ces méfaits, on peut compter les maladies. Pour les soigner, on administre d'énormes quantités d'antibiotiques, qui se retrouvent dans notre assiette. Avec les pesticides et les hormones, c'est tout un cocktail chimique nocif que nous avalons à chaque fois que nous mangeons de la viande.

- Les œufs et le lait, pour les mêmes raisons que celles évoquées ci-dessus.

À vous de jouer ! Choisissez un légume ou un fruit de saison qui ne nécessite pas de cuisson et que vous appréciez tout particulièrement. Achetez-en un non-bio en grande surface et un autre dans l'épicerie bio de votre choix. Coupez-en des quartiers et placez-les dans deux bols sous lesquels vous aurez mis au préalable une étiquette spécifiant le type de culture. Demandez à un proche de bouger les bols de sorte que vous ne sachiez pas vous-même ce qui est dans quel bol. Goûtez la différence et faites le test entre amis !

MANGER COLORÉ

Parce que la nature nous a fait don d'une palette de couleurs aussi variée que nutritive, il ne tient qu'à nous de devenir ces « peintres-cuisiniers » au service de nos papilles et de notre corps.

Derrière la magie de chaque couleur se cache un bienfait spécifique.

- **Le rouge.** Les aliments tels que les tomates, les pastèques, les cerises, les fraises, les groseilles, les framboises, les grenades, etc. doivent leur couleur au lycopène, le plus puissant des antioxydants. Ces derniers traquent et détruisent les radicaux libres qui se fixent sur les membranes de nos cellules et sont responsables de cancers et du vieillissement accéléré de notre corps.
- **Le jaune/orange.** Les potirons, les poivrons jaunes, les carottes, les patates douces et les abricots sont des alliés de premier choix pour ne pas tomber malade. De plus, ces pigments sont riches en provitamines A responsables d'une vision de lynx, d'une belle peau rayonnante et d'un teint hâlé.
- **Le vert.** La chlorophylle est cette substance verte qui permet aux plantes de transformer la lumière du soleil en énergie. C'est un peu comme si vous mangiez du soleil car vous vous sentirez en pleine forme grâce à son incomparable fonction « détox ». En effet, les légumes les plus verts (bettes, épinards, ciboulette, persil, etc.) ont un incomparable pouvoir d'élimination des toxines (telles que les déchets dus au stress, au tabac, à l'alcool, à la « malbouffe », etc.) responsables en grande partie de notre fatigue.
- **Le violet.** Cette couleur veille sur votre intelligence, votre mémoire et votre vue. Ses antioxydants et ses anthocyanosides protègent l'élasticité et la résistance de vos plus petits vaisseaux sanguins et assurent de ce fait une bonne irrigation de votre cerveau et de vos yeux.

L'aliment par excellence est la myrtille, mais vous en trouvez également dans la betterave, les raisins noirs, le chou rouge, les pommes de terre vitelotte, etc.

- **Le blanc.** Dans cette famille, on retrouve les oignons, l'ail, les navets, les poireaux, les choux fleurs, les asperges, etc. Riches en vitamines, en soufre et en allicine, ils assurent le rééquilibrage de certaines fonctions (respiratoires, articulaires, anti-inflammatoires, etc.) et ont un effet protecteur sur de nombreux cancers.

DE L'ABANDON DES MAUVAISES HABITUDES AU PLAISIR SAIN RETROUVÉ

VERS DE NOUVELLES HABITUDES...

> « J'ai décidé de changer mon alimentation et je passais au début pour une originale auprès de mes collègues. Par la suite, les couleurs et les saveurs de mes salades ont suscité tellement de curiosité et d'envie qu'elles ont fini par adopter ce régime elles aussi ! » (Corinne, 34 ans)

Manger est un acte social et une façon de communiquer sur qui nous sommes. C'est une pratique qui permet de nous définir tant au niveau culturel que familial mais aussi dans le rapport à soi. C'est aussi un moyen de découvrir et d'explorer le monde en expérimentant de nouveaux horizons culinaires.

Partir à la découverte de nouveaux aliments et de nouvelles façons de cuisiner est un défi qui ne se remporte pas du jour au lendemain. Vos paniers ne se transformeront pas comme par magie en récolte du verger et vos armoires en réserve de graines. Avec du temps et de la curiosité, petit à petit, visitez les marchés, les échoppes d'alimentation bio et remplissez quelques bocaux de vos trouvailles (privilégiez de petites portions vendues en vrac). Appropriez-vous des recettes saines qui ravissent vos palais. Cela peut être aussi de petits gestes simples mais efficaces comme une poignée de graines de courge dans votre soupe, des paillettes d'algues parsemées sur votre salade, une rasade d'huile de noix sur vos pâtes, etc.

N'oubliez pas les épices qui sont de vraies invitations au voyage. Ce sont elles qui donneront cette touche insolite et gustative à vos créations. Elles sont aussi d'incomparables alliées pour la santé.

LES POUVOIRS DES ÉPICES

Saviez-vous que le curcuma, avec sa belle couleur orange, est un puissant anti-inflammatoire et anti vieillissement ? Que le cumin possède d'incroyables vertus digestives ? Que le thym et le romarin luttent efficacement contre les virus et les microbes ? Toutes ces épices sont dotées de précieuses substances qui sont de véritables remparts contre les maladies, dont le cancer.

Il est simple de rééquilibrer son alimentation et de retrouver un mode de vie sain. Pour vous le prouver, nous vous proposons un exemple de menu « bien-être » (uniquement pour les adultes car les enfants ont d'autres besoins) à mettre en place au quotidien.

- **Au petit-déjeuner :** un mélange de diverses céréales, fruits secs et graines avec du lait de coco ou une omelette avec une tranche de votre délicieux pain sans gluten. Le tout accompagné d'une boisson (thé ou café). À éviter :
  - le verre de jus d'orange trop acide et trop sucré pour

votre estomac ;

- ◦ la tranche de pain avec de la confiture trop vite digérée, qui va déclencher la fringale du milieu de matinée ;
- ◦ le café au lait indigeste.

- **À midi :** une salade composée (laitue, morceaux de pomme, noix de cajou, quinoa, tomates séchées, raisins secs, huile de noix, etc.). À éviter : le sandwich plein de graisses saturées qui annonce le coup de pompe d'après repas.
- **À 4 h :** un fruit au choix. À éviter : la barre chocolatée ou biscuit avec leur surdose de sucres rapides.
- **Au repas du soir :** un filet de poisson ou une viande accompagné(e) d'une bonne sauce maison (faite avec vos huiles crues, vinaigre de cidre, sauce soja, moutarde, etc.), des féculents ainsi que deux ou trois légumes différents à volonté. À éviter : manger trop tard (tenir compte d'un délai de deux à trois heures avant de se coucher) car votre digestion aura tendance à empêcher un bon sommeil.

L'important ici est de trouver le rythme qui vous convient, cela évitera les grignotages peu recommandables.

Vous constaterez que contrairement aux régimes santé que vous trouvez un peu partout, les produits laitiers n'y sont pas mentionnés. Ils ne sont pas à bannir car ils ont vraiment bon goût mais l'important est de limiter leur consommation. Ils sont tout simplement très difficiles à digérer car, en principe, ils sont conçus pour faire grossir : un veau, qui ne se nourrit que de lait, doit prendre quelque 200 kilos en une année.

« Mais le calcium pour avoir de bons os ? » me direz-vous !

L'ostéoporose (perte de la résistance des os qui mène aux fractures) est une maladie typiquement occidentale : les pays où on ne consomme quasi pas de produits laitiers ne sont que très peu confrontés à ce problème. La communauté scientifique n'explique pas encore ce paradoxe et est partagée quant à l'intérêt des produits laitiers. S'ils ne sont pas nocifs en soi, a priori, ils ont subi de nombreuses transformations avant d'arriver dans nos assiettes, contrairement à l'époque de nos grands-parents : ce sont ces procédés qui seraient à la base de la difficulté à les digérer.

Attention toutefois, pour que ces nouvelles habitudes puissent faire partie de vous, elles doivent surtout être guidées par la recherche du plaisir !

LE PLAISIR AVANT TOUT !

Se nourrir, c'est avant tout un acte agréable par la sensation de bien-être que cela procure et un plaisir des sens, des yeux, du nez et de la bouche. C'est aussi un moment de partage et de détente qui ponctue notre quotidien. Le plaisir de cuisiner est suivi de celui de déguster et enfin, le plaisir que l'on ressent après le repas. Pensez à accorder autant d'importance à chacune de ces étapes, sans quoi les nouvelles habitudes retomberont vite dans l'oubli.

> « Je me sens mieux depuis que j'ai appris à repenser ma façon de manger et de cuisiner. Non seulement, cela m'oblige à réfléchir à de nouvelles recettes et m'incite à manger un peu de tout, mais surtout, j'en tire un immense plaisir. C'est devenu une activité très reposante, cela m'aère l'esprit et m'a donné l'occasion d'exprimer ma créativité. » (Marine, 32 ans)

Or qui dit plaisir, dit aussi petits écarts. Manger sainement ne doit pas être un idéal intransigeant où l'acte de se nourrir deviendrait une réelle pression sur soi et son entourage. Se culpabiliser à chaque écart supprimerait tout plaisir et serait au final contre-productif. Comme tout acte social, il s'adapte à son contexte et doit être synonyme de plaisir avant tout. Lorsque vous êtes invité(e) chez des amis, la convivialité prime sur la quantité de sucre ou de graisse que vous avalerez. Combler ses besoins nutritionnels est affaire de bien-être tant au niveau du corps que de l'esprit.

MANGER, UNE SOURCE DE BIEN-ÊTRE !

« Le bonheur est largement une question de digestion » selon un précepte ayurvédique. En effet, nous avons vu plus haut que nous possédons un cerveau dans les entrailles qui régule aussi notre humeur. Et même si nos émotions peuvent aussi avoir un impact sur notre digestion, un bon équilibre alimentaire est une source certaine de bien-être.

Une sensation de bonheur, un corps léger et souple, une énergie agréable et positive, voilà ce que vous propose cette formidable aventure vers de nouvelles habitudes saines. Soyez patient(e)s et écoutez les messages de votre corps. Accordez-vous le droit à l'erreur. Avec le temps, ces signaux se feront de plus en plus clairs et précis. Vous apprendrez à les reconnaître, à les respecter et à y répondre avec plaisir.

Toutefois, n'essayez pas de suivre à la lettre les recommandations de tel ou tel menu proposé, notre corps est un bien meilleur guide que notre mental. Il vous indiquera quand vous aurez atteint votre niveau de satiété, de quel aliment il a besoin sur le moment ainsi qu'en fonction des saisons. La nature est bien faite, écoutons là et respectons là, l'harmonie est sans nul doute à la clé !

Maintenant, à vous de jouer !

FAQ

JE N'AI BIEN SOUVENT PAS LE TEMPS DE CUISINER. COMMENT FAIRE POUR AVOIR UNE ALIMENTATION SAINE ?

Vous n'avez pas besoin de passer 2 heures en cuisine tous les jours pour avoir une alimentation équilibrée. Il existe de nombreuses recettes simples et rapides : tout réside dans l'art d'organiser au mieux sa cuisine et ses courses. Garnissez vos armoires de fruits secs, de légumes séchés comme les tomates, de diverses céréales, de délicieuses graines (tournesol, chanvre, courge) et de noix (de cajou, de pécan, de « chez-nous », etc.).

Ces denrées impérissables sublimeront vos plats, vos salades ou vos « petits creux » en plus de vous apporter une foule de bons nutriments. Pensez aussi à avoir des ingrédients rapides à préparer pour les urgences comme des légumes surgelés qui, malgré tout, ont une bonne teneur en vitamines.

EST-IL BON DE PRÉFÉRER LES PRODUITS « LIGHTS » ?

Nous avons vu que la teneur en sucre ou en graisse conditionne nos comportements d'achat. Afin de pallier la diminution d'attrait par le consommateur d'un produit allégé en graisse par exemple, les industriels n'hésitent pas à compenser fortement en sucre.

Par ailleurs, les édulcorants d'origine non naturels auraient un effet contraire sur notre cerveau. Ce dernier ayant reçu une information sucrée sans l'apport calorique correspondant aurait tendance à en réclamer davantage pour compenser cette « supercherie ». Il déclenche alors immanquablement l'envie de grignoter.

QUAND JE SUIS STRESSÉ(E) OU TRISTE, JE ME JETTE SUR UNE NOURRITURE PEU DIÉTÉTIQUE. COMMENT FAIRE POUR GÉRER CES PULSIONS ALIMENTAIRES ?

Pourquoi mange-t-on plus quand nous sommes déprimés ? Une perte, une rupture, une angoisse ou simplement une lassitude, sont des moments difficiles à traverser dans la vie. Il nous arrive alors de ressentir un immense vide en nous et c'est ce vide que vient combler la nourriture. Sommes-nous « nourris » suffisamment d'amour, de joie et d'expériences enrichissantes ?

Ne vous blâmez pas et ne culpabilisez pas pour votre faiblesse. Prenez un temps d'arrêt de quelques minutes avant de manger ces aliments et observez attentivement les émotions qui vous traversent. Ne les jugez pas, ne les réprimez pas, mettez-vous simplement dans un rôle d'observateur attentif. Le simple fait de les reconnaître leur permettra d'exister et une fois entendues, elles vous guideront vers une solution plus saine. C'est aussi le principe du cercle vertueux : plus vous mangerez sainement, mieux vous ferez face aux situations délicates de la vie.

MANGER SAINEMENT COÛTE-T-IL BEAUCOUP PLUS CHER ?

Il est évident que si vous achetez en bio les mêmes produits transformés, cela coûtera beaucoup plus cher. Par contre, un changement d'habitude dans le choix de produits non transformés, une diminution de viande au profit de protéines végétales et des aliments vendus en vrac peuvent largement diminuer le coût de votre budget alimentaire. Par ailleurs, opter pour une nourriture saine et bio est un investissement à long terme, pour le bien-être du corps et de l'esprit, tant les bénéfices au niveau nutritionnel sont nombreux.

JE MANGE ÉQUILIBRÉ MAIS NE MAIGRIS PAS. QUE DOIS-JE FAIRE ?

Vérifiez tout d'abord si vous mangez effectivement varié. L'important ici n'est pas de toucher à la quantité mais à la qualité et la variété de votre alimentation. Dans la plupart des régimes, on retrouve du blé et des produits laitiers presque à chaque repas. Sans exclure totalement ces aliments, optez pour la variété et réservez votre yaourt pour quelques jours par semaine.

Variez également vos sources de graisses en diminuant celles d'origine animale (viande, charcuterie, fromage, yaourts) et en augmentant celles d'origine végétale (yaourt de soja, steak de seitan, avocats guacamole, crèmes fraîches d'avoine ou de riz, etc.). Enfin, rien ne sert de rééquilibrer votre alimentation si vous oubliez de boire beaucoup d'eau et faire du sport.

DOIS-JE SUPPRIMER TOUTES MES MAUVAISES HABITUDES ALIMENTAIRES ?

Les écarts alimentaires ne sont pas tous le fruit d'un manque de volonté ou une preuve de faiblesse face aux tentations. Ces écarts jouent dans notre organisme le même rôle qu'un contact avec de mauvaises bactéries pour notre système immunitaire. Si on mange « trop sainement », notre corps ne sera plus immunisé contre les attaques extérieures. En effet, si vous vous sentez mal et avez des remontées acides après avoir mangé un repas trop lourd ou trop gras, c'est la preuve que votre corps réagit et cherche à éliminer ces poisons. Il met alors en œuvre une série de mécanismes d'adaptation et de défense utiles pour parer à toutes situations, même des maladies. Tout est une question d'équilibre, y compris dans ces mauvaises habitudes, du moment qu'elles n'envahissent pas notre quotidien.

POUR UN RÉGIME SANTÉ, FAUT-IL ÊTRE VÉGÉTARIEN ?

C'est à vous de trouver les régimes qui vous conviennent en fonction de votre philosophie personnelle, de vos goûts et de vos besoins spécifiques. Un régime santé ne préconise toutefois pas la suppression de protéines animales. Ce qui importe avant tout est la quantité et la qualité de vos viandes, poissons, œufs, etc. Si vous aimez la viande et le poisson, n'oubliez pas pour autant de varier avec des repas dits « végétariens » à base d'alternatives végétales.

J'AI LE SYNDROME DES INTESTINS IRRITABLES. DOIS-JE ÉVITER DE MANGER DES LÉGUMES OU DES FRUITS ?

On recommande dans le cas du « côlon irritable » (trouble digestif qui se traduit par des malaises ou douleurs au ventre) de supprimer les fibres insolubles (issues de certains légumes comme les choux et les crudités, de certains fruits tels les pommes et les poires, et des céréales complètes) et de favoriser les fibres solubles (comme le son d'avoine, de l'orge, etc.) qui contrairement aux premières, forment une sorte de gel plus doux pour les intestins.

Les maladies qui touchent les intestins sont les seules qui nécessitent de supprimer certains légumes ou fruits, du moins dans un premier temps. Par la suite, il convient de réintroduire progressivement un aliment à la fois et de retrouver un bon équilibre au niveau de la flore intestinale. Parlez-en avec votre médecin : les symptômes et la douleur liés à cette pathologie vont considérablement s'améliorer avec l'adoption de nouvelles habitudes alimentaires.

Votre avis nous intéresse !
Laissez un commentaire sur le site de votre librairie en ligne
et partagez vos coups de cœur sur les réseaux sociaux !

POUR ALLER PLUS LOIN

SOURCES BIBLIOGRAPHIQUES

- CARREY (Pierre), « Le müesli, un bol de pesticides pour votre petit-déj' », in *Libération.fr*, consulté le 6 janvier 2017. http://next.liberation.fr/food/2016/10/11/le-muesli-un-bol-de-pesticides-pour-votre-petit-de-j_1521169?utm_campaign=Echobox&utm_medium=Social&utm_source=Facebook#link_time=1476198524
- CLEAR (James), « Ce qui se passe dans notre cerveau quand on consomme de la malbouffe (et pourquoi on aime ça) », in *Huffingtonpost.fr*, consulté le 29 décembre 2016. http://www.huffingtonpost.fr/james-clear/ce-qui-se-passe-dans-notre-cerveau-quand-on-consomme-de-la-malbo/
- COLLINS (Stephen M.), KASSAM (Zain) et BERCIK (Premysl), « The adoptive transfer phenotype via the intestinal microbiota: experimental evidence and clinical implications », in *Current Opinion in Microbiology*, vol. 16, n° 3, juin 2013, p. 240-245.
- *Fondation contre le cancer*, consulté le 18 juillet 2017. http://www.cancer.be/
- LALLEMAND (Caroline), « Huit aliments bourrés de sucres cachés », in *Levif.be*, consulté le 12 mai 2017. http://www.levif.be/actualite/sante/huit-aliments-bourres-de-sucres-caches/diaporama-normal-659771.html#photo=2
- LENOIR (Magalie), SERRE (Fuschia), CANTIN (Lauriane) et AHMED (Serge H.), « Intense Sweetness Surpassess Cocaine Reward », in *PLoS one*, vol. 2, n° 8, août 2007.
- « Nutriment », in *Larousse.fr*, consulté le 12 mai 2017.

http://www.larousse.fr/encyclopedie/medical/
nutriment/14856
- SANCHEZ-VILLEGAS (Almudena) *et alii*, « Dietary Fat
Intake and the Risk of Depression: The SUN Project », in
PLoS one, vol. 6, n° 1, janvier 2011.
- SIRI-TARINO (Patty W.) *et alii*, « Meta-analysis of
prospective cohort studies evaluating the association
of saturated fat with cardiovascular disease », in *The
American Journal of clinical nutrition*, vol. 91, mars 2010.
- « Teenagers drink a bathtub of sugary drinks a year », in
Aol.co.uk, consulté le 27 décembre 2016. http://www.aol.
co.uk/news/2016/11/21/teenagers-drink-a-bath-full-of-
sugary-drinks-a-year-cancer-rese/

DOCUMENTAIRES

- *Le ventre, notre deuxième cerveau*, documentaire de
Cécile Denjean diffusé sur Arte, 2013.
- *Product (1/10) - La crevette*, documentaire Arte, diffusé le
27 novembre 2015.

SOURCES COMPLÉMENTAIRES

- ENDERS (Giulia), *Le charme discret de l'intestin : Tout sur
un organe mal aimé*, Arles, Actes Sud, 2015.
- HAUSSIN (René), *Encyclopédie de l'alimentation saine*,
Paris, Guy Trédaniel, coll. « Articles sans C », 2004.
- JOYEUX (Henri), *Changez d'alimentation*, Monaco,
Éditions du Rocher, 2013.
- LALLEMENT (Michel), *Les clés de l'alimentation santé.
Intolérances alimentaires et inflammation chronique*,

Donnemarie-Dontilly, Mosaïque Santé, coll. « Vérités »,
2012.
- ROBIN (Marie-Monique), *Notre poison quotidien : la responsabilité de l'industrie chimique dans l'épidémie des maladies chroniques*, Strasbourg, Arte Éditions, 2011.
- TEITELBAUM (Jacob), *Décrochez du sucre*, Paris, Marabout, 2016.
- VAN REMOORTERE-GRANDCOURT (Liliane), *Mange des couleurs*, Bruxelles, Bernard Gilson, 2006.

Éditeur responsable : Lemaitre Publishing
Avenue de la Couronne 159 | BE-1050 Bruxelles
info@lemaitre-editions.com

ISBN ebook : 978-2-8062-9900-0
ISBN papier : 978-2-8062-9901-7
Dépôt légal : D/2017/12603/360
Photo de couverture : © iko – Fotolia.com

Conception numérique : Primento,
le partenaire numérique des éditeurs.

Made in the USA
Monee, IL
13 November 2020